AF382931

CYCLE DE VIE DES PRODUITS

Les phases-clés d'une stratégie marketing efficace

Par Layal Makki
Sous la direction d' Anne-Christine Cadiat

50MINUTES.fr

CYCLE DE VIE DES PRODUITS

- **Dénominations ?** Cycle de vie des produits.
- **Usages ?** En conceptualisant les différentes phases de vie d'un produit ou d'un service, le décideur pourra, en toute connaissance de cause, concentrer stratégiquement ses efforts pour optimiser le développement et l'implémentation de ses produits sur un marché. Les domaines du marketing et du commerce international font particulièrement usage de ce modèle.
- **Raison(s) de son efficacité ?** Universalité et simplicité du modèle.
- **Mots-clés ?**
  - <u>Économies d'échelle (ou rendement d'échelle)</u> : une entreprise réalise des économies d'échelle lorsque l'augmentation d'unités produites coïncide avec une réduction des coûts par unité de production. Les rendements d'échelle sont constants si la production croît dans une proportion égale aux inputs financiers.

- Investissements directs à l'étranger (IDE) : transferts internationaux de capitaux réalisés par une entreprise désirant étendre, développer et/ou installer ses activités à l'étranger. Ce type d'investissement est souvent motivé par une promesse de réduction des coûts de production grâce aux conditions intéressantes des pays associés : matières premières de qualité, main-d'œuvre moins chère, nouveaux marchés à pénétrer, etc.
- Marché : en économie, le marché désigne le lieu où se rencontre l'offre et la demande.
- Principe des avantages comparatifs : pour accroître ses richesses, chaque pays se spécialise dans la production de biens pour lesquels il est le plus productif et donc le plus rentable. Ce principe est formalisé dans le fameux ouvrage *Des principes de l'économie politique et de l'impôt* de l'économiste britannique David Ricardo (1772-1823), paru en 1817.
- Produit : en économie, est appelé « produit » tout bien ou service qui a subi un mécanisme de production.
- Saturation du marché : lorsqu'un marché est arrivé à un stade où les consommateurs ne

sont plus désireux de se procurer le bien ou le service, il arrive à saturation. Est également appelé « saturé » un marché pour lequel il n'existe aucun nouveau consommateur potentiel.

- Standardisation : la production d'un bien qui tient compte des normes de référence et qui offre une production conforme aux standards de production.
- Taux d'équipement : exprimé en pourcentage, le taux d'équipement indique le rapport entre le nombre de ménages qui possède un bien défini et la population totale.

Puisqu'il est primordial pour une entreprise d'allouer stratégiquement ses ressources, notamment en matière de marketing, il lui faut constamment analyser les comportements des clients pour se rendre compte de leur perception des produits proposés. En effet, si certains produits, ou services semblent augmenter le chiffre de ventes global, il n'en sera certainement pas toujours ainsi, car, sans crier gare, ils peuvent connaître une dépréciation fulgurante et soudaine qu'il convient d'envisager pour pouvoir assurer un équilibre financier au sein des activités de l'entreprise.

Face à ces impératifs d'analyse constante, l'économiste américain Raymond Vernon (1913-1999) imagine un modèle de cycle de vie des produits dans le courant des années soixante. Partant du principe simple qu'un bien ou un service passe par différents stades comparables à ceux connus par tous les êtres vivants, Vernon conceptualise une courbe de vie comprenant la naissance, l'adolescence, l'âge adulte, la vieillesse et la mort d'un produit. D'après lui, il faut distinguer quatre grandes phases :

- le lancement ;
- la croissance ;
- la maturité ;
- le déclin.

Ainsi, le cycle de vie d'un produit ou d'un service peut être comparé à un cycle de vie biologique, telle une graine que l'on plante et qui germera, avant de pousser et de finalement mourir.

THÉORIE – PRÉSENTATION DU CONCEPT

La théorie du cycle de vie des produits est développée en 1966 par l'économiste américain Raymond Vernon, dont le but initial consiste à illustrer les changements de spécialisation auxquels sont confrontés les différents pays au fil du temps. Pour ce faire, il reprend le postulat de la théorie de l'avantage comparatif de David Ricardo, selon lequel tous les pays ne détiennent pas les capacités technologiques nécessaires à la recherche et au développement de nouveaux produits. Autrement dit, seuls les États possédant cette capacité vont se lancer dans la production de produits innovants en utilisant les technologies adéquates. Ce modèle convient particulièrement bien à plusieurs types de produits tels que la radio, la télévision, l'électronique, etc.

Vernon applique alors cette théorie aux États-Unis, puisque, durant les années soixante, ce pays est le leader dans le domaine de la recherche et du développement – première phase d'une chaîne de production. Les conclusions dégagées à l'époque par Vernon s'appliquent aujourd'hui à plusieurs autres nations, les États-Unis n'étant plus considérés comme incontournables en matière de recherche et développement. Plus largement encore, le cycle de vie d'un produit est applicable à tous les produits en tant que tels, au-delà du concept d'avantage comparatif observé dans le cadre du commerce international.

La théorie du cycle de vie d'un produit permet notamment de comprendre les changements de spécialisation auxquels les pays qui ont choisi de se spécifier dans la production d'un (ou plusieurs) produit caractéristique devront faire face.

LES STADES DE LA VIE D'UN PRODUIT

D'après le théoricien, un produit passe par quatre stades formant le cycle de sa vie.

- **Le lancement ou la naissance.** Après la période de recherche et développement qui a lieu en amont, le nouveau produit est lancé sur le marché. Cette phase est caractérisée par un besoin en financement important, un volume de ventes faible, mais en croissance, et des besoins en termes de promotion conséquents pour faire connaître le produit. À l'échelle internationale, selon Vernon, le pays qui l'a créé possède un avantage comparatif dans le secteur de la recherche et du développement. Le produit dispose d'un monopole sur son propre marché avant d'être exporté sur les différents marchés étrangers. Ce monopole induit un prix de vente élevé.
- **La croissance.** Au cours de la seconde phase, on observe alors une demande accrue du produit qui engendre de nombreuses ventes et l'apparition d'une concurrence, notamment en provenance d'autres pays. Il s'agit du phénomène de standardisation auquel le produit ne peut échapper : puisqu'il est désormais vendu en grande quantité, le produit bénéficie d'une économie d'échelle, ce qui implique une diminution des coûts de production et une augmentation des marges et du profit.

Parallèlement, son prix diminue, mais pas de manière significative. Les objectifs marketing sont, quant à eux, la fidélisation de clients actuels et l'acquisition de nouveaux.

- **La maturité.** À ce stade, les ventes se stabilisent alors que chaque producteur tente de différencier son produit de celui des autres. Plusieurs marques apparaissent et la concurrence devient importante. C'est une période marquée par des coûts unitaires minimums, un niveau de vente maximum et une guerre des prix, ce qui a pour conséquence la saturation du marché : la marge des producteurs diminue et ils sont parfois contraints de quitter le marché. Les responsables marketing veillent de leur côté à faire en sorte que leur produit incarne le *top of mind* (le produit auquel on pense en premier), ou du moins figure parmi les produits préférés des consommateurs, et qu'il se maintienne sur le marché.
- **Le déclin.** Cette dernière étape se solde par la disparition du produit sur le marché. La demande est en nette diminution, ce qui provoque également une diminution de l'offre et de la production. La concurrence y est devenue insoutenable et le marché fonctionne

au ralenti. Trois éléments caractérisent cette phase : d'une part, le marché est équipé, autrement dit le taux d'équipement du marché est arrivé à saturation, d'autre part les goûts des consommateurs changent rapidement et enfin, de nouveaux produits arrivent sur le marché. Les prix diminuent de manière tellement importante que le produit est retiré du marché. Les coûts marketing ainsi que les investissements en recherche et développement diminuent, mais le recours à la promotion sur le produit est cependant souvent envisagé pour éliminer les stocks et indirectement les dépenses.

Courbe théorique (en S) du cycle de vie des produits

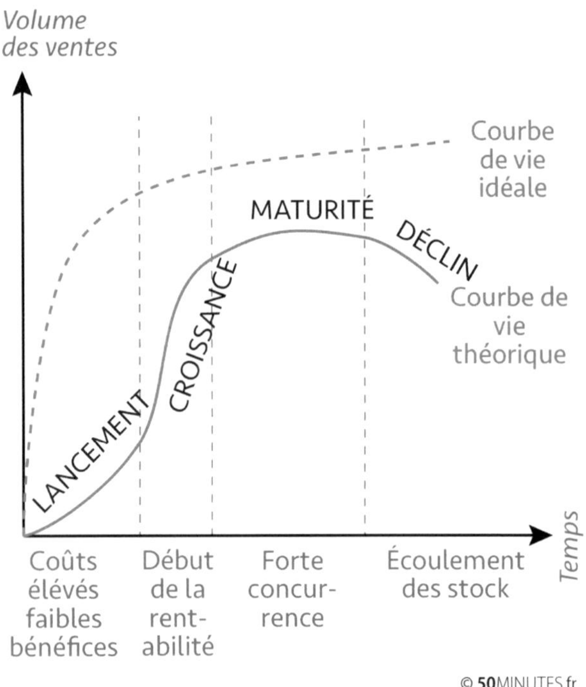

La première phase est celle du lancement du produit. Celui-ci est mis en vente sur le marché, qu'il précède ou pas les besoins des consommateurs. Dans un second temps, la demande connaît une pleine croissance : les ventes augmentent au fil du temps, car le produit répond à un besoin grandissant de la part des consommateurs. Ensuite, le produit atteint son stade de maturité, qui correspond à une période de stagnation, car le marché arrive à saturation. La demande du produit, motivée par le besoin ressenti par le client, occupe ensuite la place de celui-ci afin qu'un nouveau cycle de vie du produit commence.

Les cycles de vie atypiques

Ainsi, tous les produits ne suivent pas la courbe de vie en S. Certains, par exemple, ne dépassent pas même la phase de lancement, d'autres échouent à cette première étape, mais réussissent ensuite à s'imposer. D'autres encore sont voués à suivre des courbes de vie particulières en raison de leur nature atypique comme la mode et les gadgets. Parmi les courbes de vie atypiques les plus fréquentes, on retrouve notamment celle à double cycle (avec deux cycles de croissance et de maturité), celle à rebondissement (avec une croissance à la fois irrégulière, mais prometteuse) et enfin, celle dite de croissance-déclin-stabilisation.

Les cycles de vie atypiques

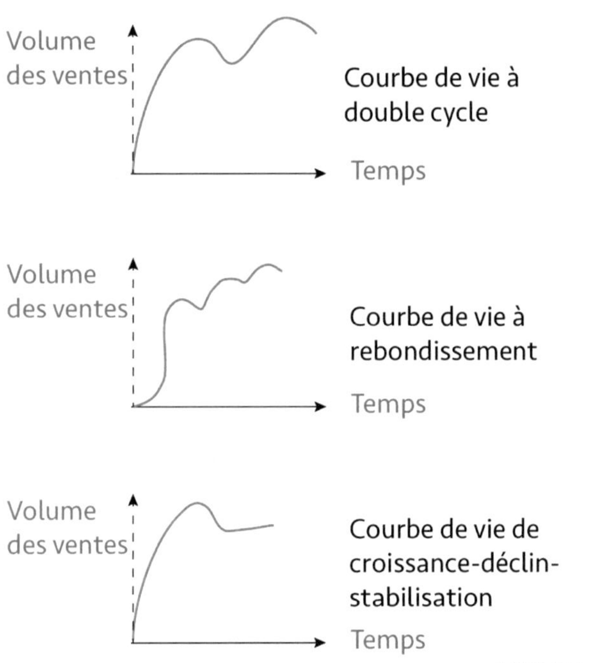

RAPPORT PRODUIT-MARCHÉ À L'ÉCHELLE INTERNATIONALE

Si Raymond Vernon développe ce modèle à partir de son analyse des entreprises américaines entre 1945 et 1960, il reste un fondement de base pour les autres pays. Selon lui, cette théorie apporte un éclairage sur l'utilité du commerce international et sur les investissements directs étrangers destinés à le remplacer. Ainsi, le commerce international est plus important dans les pays qui possèdent un avantage comparatif dans la recherche et le développement. En Grèce et au Japon par exemple, on observe cette tendance dans plusieurs secteurs notamment ceux de l'électronique et de la pétrochimie.

Ce modèle présume qu'un rapport existe entre le produit et le marché sur lequel il est lancé. En schématisant, on peut définir trois étapes :

Le rapport produit-marché à l'échelle internationale

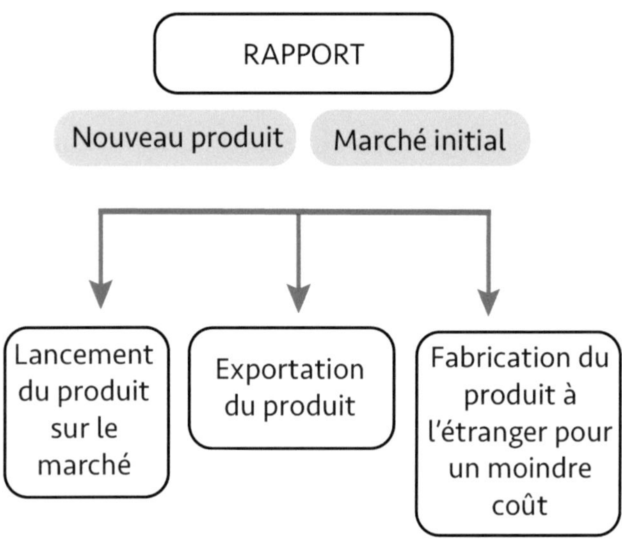

© 50MINUTES.fr

PRÉVENIR LA CONJONCTURE

La théorie du cycle de vie des produits est une théorie microéconomique. Si elle fournit une explication aux modifications des structures de marché, elle permet également de comprendre comment varie la demande des consommateurs.

En effet, lorsque le marché arrive à un point de saturation (dans la phase de maturité), la demande se situe au niveau de la reconstitution des stocks afin de prévenir une rupture éventuelle, et donc l'impossibilité pour le consommateur de se procurer le bien. Pour ce qui est des biens durables, la demande est variable, car elle tient aussi compte de la conjoncture. À titre d'exemple, le domaine de l'automobile : les consommateurs attendent que la conjoncture soit favorable, même si cela demande de repousser l'achat.

LIMITES DU MODÈLE ET EXTENSIONS

LIMITES ET CRITIQUES DU MODÈLE

Le modèle du cycle de vie des produits connaît quelques limites. Vigilance donc lors de son utilisation !

- Premièrement, la difficulté se situe au niveau de la différence qui existe entre cycles. Il est en effet primordial de parvenir à cerner celui qui sera au centre de l'étude et ne pas confondre le cycle de vie des produits avec celui de la catégorie du produit, de la marque ou de la branche. Par exemple, ce n'est pas parce qu'une tablette d'une marque X ne se vend plus que le marché des tablettes ne rapporte plus ;
- Deuxièmement, il ne faut pas perdre de vue la durée variable de chaque étape en fonction du produit. En outre, un produit peut, par exemple, ne jamais connaître de phase de lancement ou de déclin, ou ne jamais passer par les phases de croissance ou de maturité ;

- Troisièmement, on ne peut admettre que les coûts engendrés par la recherche et l'innovation ne se justifient pas pour une entreprise, car il est certain que le déclin des produits nourrit le besoin de nouveauté ;
- Quatrièmement, cette théorie s'attache uniquement aux nouveaux produits. Or, ils ne sont pas les seuls à avoir leur place sur le marché national comme dans le commerce international ;
- Cinquièmement, il faut rejeter l'idée d'un cycle de vie des produits compris comme une variable indépendante qui réglemente les produits de la première phase de lancement à la dernière phase de déclin. La raison est simple : les responsables marketing pourront agir sur le cycle de vie du produit en posant des choix stratégiques qui permettront d'optimiser sa rentabilité.

MODÈLES CONNEXES ET EXTENSIONS

Théorie du cycle de vie de l'entreprise

À la fin du XIXᵉ siècle, l'économiste anglais Alfred Marshall (1842-1924) met en avant cinq phases, inspirées de la biologie, par lesquelles passe l'entreprise : la création, le démarrage, l'adolescence, la maturité et le vieillissement. Dans ce modèle, l'attention est portée sur le fondateur de l'entreprise ainsi que sur la nature familiale de celle-ci. Plus tard, d'autres théoriciens approfondiront cette conception du cycle de vie de l'entreprise (ex. : Larry E. Greiner, 1972)

Théorie de la croissance

Dans son ouvrage *Théorie de l'évolution économique* (1913), l'Autrichien Joseph Schumpeter (1883-1950), dont l'intérêt majeur est l'évolution du système capitaliste, focalise son étude sur la croissance. Selon lui, l'innovation (produits, processus, modes de production, débouchés et matières premières) apportée par les entrepreneurs agit tel un moteur sur la croissance.

Théorie du cycle de vie

Franco Modigliani (économiste italo-américain, 1918-2003) imagine une théorie dans les années cinquante dans laquelle il étudie l'évolution de la consommation des individus au cours de leur vie. Il établit donc un lien entre, d'une part, l'endettement et l'épargne des consommateurs et, d'autre part, leur âge. Selon lui, le patrimoine, accumulé pendant la période d'activité professionnelle, assurera les dépenses qui surviendront lorsque les anciens travailleurs seront à la retraite. Suivant cette logique, nous utilisons également, durant la jeunesse, des revenus issus des périodes d'activité, générés par la génération précédente.

Théorie de l'avantage concurrentiel

D'après Michael Porter (économiste américain né en 1947), l'avantage que l'entreprise possède déjà (ou est potentiellement en mesure de détenir) lui procure une stratégie propre lui permettant de dépasser ses concurrents. Il distingue les avantages par les coûts et les avantages par la différenciation. Il ajoute que la stratégie de l'entreprise doit se borner à viser un des deux avantages au risque d'échouer dans sa quête de leadership sur son marché.

Matrice BCG

La matrice de gestion de l'offre élaborée par le *Boston Consulting Group* est un instrument de gestion de portefeuille de domaines d'activités basé sur la théorie du cycle de vie des produits. En effet, c'est en tenant compte de deux éléments, à savoir la part de marché de l'entreprise relative au domaine d'activité et le taux de croissance de l'activité, que cet outil permet aux décideurs d'opérer les choix stratégiques qui en découlent. La méthode est particulièrement simple : abandon des domaines d'activités les moins compétitifs et investissements dans ceux qui sont les plus prometteurs.

MISE EN PRATIQUE DU CONCEPT

CONSEILS ET *BEST PRACTICES*

Puisque, comme nous l'avons vu, tous les produits ne passent pas nécessairement par les quatre stades proposés par Raymond Vernon, plusieurs scénarios sont à envisager. Dans la pratique, il est dès lors possible d'observer que le développement d'un nouveau produit est un échec et que, par exemple, la phase de lancement ne permet pas au produit d'atteindre les autres stades du cycle de vie.

Le cycle de vie d'un produit est intéressant pour les entreprises puisqu'il permet une organisation de la production en fonction du stade dans lequel se trouve le produit. Si celui-ci approche de la phase de déclin, l'entreprise se devra d'anticiper en ne tardant pas, par exemple, à lancer un nouveau produit sur le marché qui puisse le remplacer. Les coûts marketing pourront également être adaptés en fonction du stade du produit :

ceux-ci seront importants lors du lancement et de la croissance et moindres dans les phases de maturité et de déclin.

Un succès inscrit dans la durée

Pour assurer une longue et fructueuse vie au produit une fois lancé sur le marché, il faut, à chaque étape, veiller au respect de certains points cruciaux :

- au stade du lancement, les coûts doivent être relativement importants, car il faut faire connaître le produit auprès d'un maximum de consommateurs potentiels. La promotion constitue la majeure partie des dépenses ;
- au stade de la croissance, le produit commence à générer du profit. Il ne faut pas pour autant relâcher la promotion du produit. La distribution, quant à elle, est étendue à des marchés plus vastes ;
- le stade de la maturité, qui fait suite à la phase de croissance, s'inscrit généralement dans la durée. Une guerre des prix bat son plein, alors que la concurrence est très présente. Il est donc indispensable de dégager un avantage concurrentiel par rapport aux autres produits

présents au même moment sur le marché cible ;

- au stade du déclin, le produit se vend de moins en moins, car la concurrence est devenue trop importante. Deux choix s'offrent au producteur : soit il retire son produit du marché, soit il le relance en le modifiant et en lui apportant une nouvelle caractéristique. Il est certain que cette phase ne touche pas tous les produits, car beaucoup demeurent au stade de maturité pendant de longues années, les consommateurs ne se lassant pas de l'offre et continuant à y rester fidèles.

Les facteurs de réussite

Avant de se lancer dans l'arène et de proposer un nouveau produit sur un marché défini, Everett Rogers (spécialiste dans le domaine de l'innovation, 1931-2004) nous invite à nous pencher sur les éléments suivants :

- **la plus-value du nouveau produit par rapport aux préexistants sur ce marché.** Si le produit est tout à fait innovant et qu'il répond à un besoin nouveau, l'avantage que procure celui-ci aux consommateurs se confirme ;

- **la compatibilité de l'apparition de ce nouveau produit pour les consommateurs.** Il est question de savoir si l'apport de ce nouveau produit est compatible avec les valeurs et les normes préexistantes afin que les consommateurs accueillent favorablement l'arrivée de ce nouveau produit ;
- **le degré de difficulté d'utilisation du produit.** En règle générale, un produit simple d'utilisation a davantage de chance de survivre sur le marché qu'un produit plus compliqué à utiliser ;
- **l'impact de la version-test du produit sur les clients.** Si les futurs consommateurs ont l'opportunité d'essayer le nouveau produit, celui-ci aura plus de chances de percer sur le marché ;
- **la visibilité du produit.** Il s'agit d'un des aspects non négligeables lors du lancement du produit. Si les consommateurs ont été efficacement prévenus de l'arrivée d'un nouveau produit, il est évident que celui-ci se positionnera plus facilement sur le marché.

Plus largement, les producteurs attentifs veillent à :

- réaliser une bonne étude de marché avant de se lancer sereinement dans le processus de recherche et de développement d'un nouveau produit ;
- estimer les coûts financiers de la pénétration d'un nouveau produit dans un marché ;
- évaluer la main-d'œuvre nécessaire pour faire face à cette nouvelle production.

Ces facteurs rendent possible la première étape, à savoir le lancement du produit. Pourtant, la réussite de cette phase ne garantit pas la vie et encore moins la survie du produit sur le marché. Au cours de la phase de croissance, il est important que l'entreprise fasse preuve de réactivité par rapport aux interactions du marché qui accueille le nouveau produit. Pour ce faire, l'analyse des résultats doit être envisagée de manière continue et le produit doit pouvoir être adapté à tout moment lors de cette seconde phase. En outre, il est important que la société planifie une campagne de promotion spéciale afin d'assurer la viabilité du produit sur le marché.

Même si le produit a connu une phase de lancement sans échec, son développement n'est pas terminé pour autant et se poursuit au stade de la croissance. En effet, l'entreprise, qui a prévu une gamme de produits dérivés, peut la lancer à tout moment, permettant l'adaptation du produit.

Stratégies de lancement

Lors du lancement effectif du produit sur le marché, plusieurs stratégies sont possibles :

- **la stratégie d'imitation.** Celle-ci comporte un risque qui est celui de la comparaison. Il s'agit de lancer un produit qui copie un produit déjà présent sur le marché ;
- **la stratégie de différenciation.** Cette stratégie demande de l'originalité, car le produit sera différencié de la concurrence par une caractéristique innovante ;
- **la stratégie de niche.** La différenciation est marquée dans cette stratégie par la pénétration d'un marché à faible potentiel, mais demeurant inexploité ;
- **la stratégie d'innovation.** Il est plus rare de lancer un produit tout à fait neuf. La concurrence sur ce nouveau marché n'étant

pas présente, ce nouveau produit tentera de répondre à une demande nouvelle de la part des consommateurs.

Durant cette phase décisive, le but premier des managers est de faire connaître le nouveau produit par un maximum de consommateurs potentiels. Dans la plupart des cas, le recours à un appareil communicationnel étudié et précis (la publicité) est indispensable pour offrir au produit une visibilité accrue : les consommateurs, avertis de la sortie de celui-ci, décident alors de le tester et/ou de l'acheter. À ce stade, les managers ne doivent pas craindre de voir se multiplier les montants financiers à injecter dans la publicité, alors qu'ils n'observent pas encore de retombées financières en contrepartie.

Stratégies de croissance

Lorsque le produit arrive à sa phase de croissance, il doit faire face à un nouveau défi : la concurrence. L'opportunité d'un nouveau marché attire les entreprises concurrentes et le produit doit se démarquer pour pouvoir y résister. C'est à ce moment que le nouveau produit doit se développer en améliorant sans cesse ses performances qualitatives. À ce stade, la diversification est nécessaire et le produit doit proposer des variantes qui lui permettront de se démarquer.

Stratégies de maturité

Lorsque le produit entre dans sa phase de maturité, les ventes ralentissent. La créativité des dirigeants doit prendre le dessus afin de ne pas être dépassée par la concurrence. C'est le moment idéal pour atteindre de nouveaux segments de marché, c'est-à-dire exploiter un nouveau créneau en élargissant la gamme de produits proposés. Le challenge est double : conserver les clients déjà touchés, mais aussi en attirer des nouveaux qui permettront au produit de poursuivre sur sa lancée.

Stratégies en phase de déclin

Lors de la phase de déclin, et après avoir accepté de voir les ventes chuter, le choix des marketers peut prendre deux directions : soit ils décident de se lancer dans une phase de modernisation du produit, ce qui lui permettra de repousser l'arrivée de nouveaux produits, soit ils le retirent du marché, tout simplement.

ÉTUDE DE CAS – LE CYCLE DE VIE DE LA FORD T

Créé en 1908 par la compagnie américaine Ford Motor Company, ce nouveau modèle d'automobile révolutionne les mœurs de la classe moyenne. En effet, l'ingénieux Henry Ford (1863-1947) innove au niveau de la production de masse en mettant en place des lignes d'assemblage qui permettent une diminution continue des coûts de production. La simplicité de la Ford T – avec un moteur coulé en un seul bloc, une carrosserie formée à partir de tôle et un châssis à échelle rectiligne – se prête particulièrement bien à ce type de production massive. Tous les détails sont étudiés pour diminuer les coûts de production et ainsi le prix d'achat. La couleur noire par exemple, caractéristique de cette automobile, est la moins chère du marché et assure une durabilité plus longue que les autres couleurs. Ford aurait même dit un jour à ce sujet : « Un client peut demander cette voiture en n'importe quelle couleur, du moment que c'est noir ». Les ouvriers, eux, occupent des postes fixes le long de la chaîne d'assemblage et travaillent de façon méthodique et systématique sur les châssis véhiculés par un tapis roulant. Le prix de vente de la Ford T est abordable et ne cesse de chuter au fil du temps.

En 19 ans d'existence, ce produit, qui ne connaît que peu de changements technologiques, passe par plusieurs phases :

- **le lancement en 1908.** L'innovation de Ford est de proposer une automobile simple d'utilisation à un prix abordable ;
- **une croissance jusqu'en 1914.** À cette époque, le processus de production connaît une amélioration considérable : désormais, l'assemblage à la chaîne d'une Ford T ne prend plus que 1 heure 33 au lieu de 12 heures 30. Cette diminution de coûts de production entraîne proportionnellement une baisse du prix de vente ;
- **la maturité jusqu'en 1926.** Le modèle se vend bien, pourtant de plus en plus de concurrents envahissent le marché de l'automobile. L'avenir de la Ford T se joue à ce moment charnière ;
- **le déclin en 1927.** Ce qui faisait la force de ce modèle devient une faiblesse au vu de ce que les autres acteurs du marché proposent : la simplicité semble désuète face aux nouveaux

besoins des utilisateurs. La Ford A prend la relève alors que la production du modèle T est interrompue.

Le cycle de vie de la Ford T

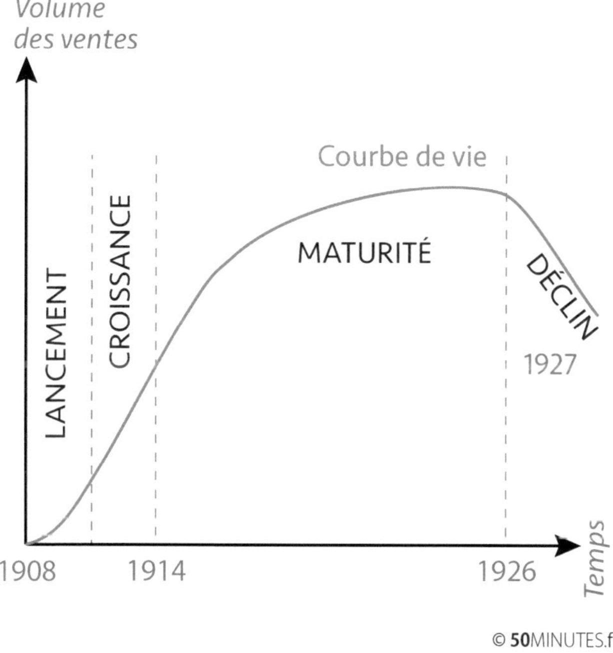

Si cet exemple du cycle de vie de la Ford T illustre particulièrement bien notre théorie, il présente également un mode d'organisation du travail éla-boré par Henry Ford dès 1907, pour la conception des Ford T. Ce modèle s'appuie sur des théories telles que la standardisation, le travail à la chaîne ainsi que l'augmentation du pouvoir d'achat des ouvriers.

Dans la phase de lancement, le fordisme permet un accroissement de la production de manière rapide. Il permet également de maintenir une production considérable lors de la phase de maturité. En effet, les ouvriers produisent un nombre de plus en plus élevé de voitures tout en réduisant le temps de production.

La production des Ford T

Année	Ford T produites	Production	Prix
1909	10 000	1 unité en 12 h 30	850 $
1910	20 000		
1911	30 000		
1914	440 000	1 unité en 1 h 33	
1917	735 000		
1922	+ d'1 million annuel		
1924	Seuil des 10 millions dépassé		
1925	44 % des Américains ont une Ford T		375 $
1927	Seuil des 15 millions dépassé		290 $

Au total, ce sont environ 16 millions de Ford T qui ont été vendues en 19 années, soit presque la moitié des automobiles des Américains en 1925. Malgré ce système de production performant, la Ford T connaît un déclin fulgurant lorsqu'elle s'aperçoit, trop tard, qu'une forte concurrence asiatique est apparue sur le marché. Une réactivité plus prompte aurait peut-être encore pu lui assurer quelques glorieuses années...

- La théorie du cycle de vie des produits est développée par l'économiste Raymond Vernon dans les années soixante aux États-Unis, lorsque ce pays détient un avantage certain par rapport aux autres pays : il est le leader dans le domaine de la recherche et du développement, domaine en amont du lancement d'un nouveau produit.
- Selon le théoricien, un produit passe quatre stades formant le cycle de sa vie – le lancement, la croissance, la maturité et le déclin – qui est limité dans le temps. Les rentabilités diffèrent en fonction des phases du cycle.
- Cette théorie permet notamment de comprendre les changements de spécialisation auxquels les pays doivent faire face.
- Avantages : en plus de fournir une représentation visuelle de la vie d'un produit et d'aider les marketers dans leur travail de communication aux clients, cette théorie permet de comprendre le commerce international et de mettre en lumière la notion d'avantage

comparatif. Elle permet également de concevoir la nécessité des investissements directs étrangers pour le remplacer. En effet, ceux-ci offrent la possibilité de s'étendre à d'autres marchés ainsi que de réduire les coûts.

- Limites : avec cette théorie, il est difficile de faire la différence entre les cycles auxquels sont soumis les produits. De plus, tel que formalisé par Vernon, ce système laisse penser que le besoin d'innovation est perpétuel et qu'il ne tient pas compte des produits autres que les produits innovants. Or, ils occupent une place non négligeable sur le marché, même si chaque produit ne passe pas nécessairement par ces quatre stades ;
- Le cycle de vie des produits connaît quelques extensions : la théorie de vie de l'entreprise développée par Alfred Marshall, la théorie de la croissance de Joseph Schumpeter, la théorie du cycle de vie de Franco Modigliani, la théorie de l'avantage concurrentiel de Michael Porter et la matrice BCG.
- Parmi les quelques facteurs de réussite auxquels il convient de prêter attention tout au long de la vie du produit, nous retrouvons la nécessité de privilégier l'expérience client

(facilité d'utilisation, la plus-value du produit pour le client, la compatibilité des valeurs véhiculées par le produit et celles du client) et la visibilité du produit.

- L'exemple de la Ford T illustre un cycle de vie complet d'un produit innovant qui se positionne dans un marché en pleine croissance, avant d'entamer une phase de maturité et enfin de déclin.

POUR ALLER PLUS LOIN

SOURCES BIBLIOGRAPHIQUES

- DUTAILLY (Jean-Claude), *La dynamique du système productif*, Paris, Économica, 1983.

- ECHAUDEMAISON (Claude-Danièle) *et al.*, *Dictionnaire d'économie et de sciences sociales*, Paris, Nathan, 2003.

- FENNETEAU (Hervé), *Cycle de vie des produits*, Paris, Économica, 1998.

- GRISSEL (Laurent) et OSSET (Philippe), *L'analyse du cycle de vie d'un produit ou d'un service. Application et mise en pratique*, Paris, Afnor, 2004.

- HARRISON (Andrew), ERTUGRUL (Dalkiran) et ERSEY (Ena), *Business international et mondialisation. Vers une nouvelle Europe*, Bruxelles, De Boeck, 2004.

- HELFER (Jean-Pierre) et ORSONI (Jacques), *Marketing*, Paris, Vuibert, 2000.

- MAGAKIAN (Jean-Louis), PAYAUD (Marielle Audrey), *100 fiches pour comprendre la stratégie de l'entre-prise*, Paris, Bréal, 2007.

- MAYRHOFFER (Ulrike), *Marketing international*, Paris, Économica, 2004.

- MELO (Jaime de) et GRETHER (Jean-Marie),
  Commerce international. Théories et applications,
  Bruxelles, De Boeck Université, 2000.

- PRIME (Nathalie) et USUNIER (Jean-Claude),
  *Marketing international. Développement des
  marchés et management multicultur*el, Paris,
  Vuibert, 2004.

- ROGERS (Everett M.), *Diffusion of Innovations*,
  5e édition, Free Press, 2003.

- VANDERCAMMEN (Marc), *Marketing. L'essentiel pour
  comprendre, décider, agir*, Bruxelles, De Boeck,
  2007.

- VERNON (Raymond), « International Investments
  and International Trade in the Product Life Cycle »,
  in *Quarterly Journal of Economics*, Cambridge,
  1966.

SOURCES COMPLÉMENTAIRES

- *Alternatives économiques*, consulté le 17 novembre 2014.
  http://www.alternatives-economiques.fr/

- *Le dico du commerce international*, consulté le
  17 novembre 2014.
  http://www.glossaire-international.com/

Votre avis nous intéresse !
Laissez un commentaire sur le site de votre
librairie en ligne et partagez vos coups de cœur sur
les réseaux sociaux !

50MINUTES.fr

ISBN ebook : 978-2-8062-6240-0
ISBN papier : 978-2-8062-6241-7
Dépôt légal : D/2015/12603/111
Photo de couverture : © Primento

Conception numérique : Primento,
le partenaire numérique des éditeurs